PAGES CANADIENNES

UNE
FAMILLE DE HÉROS

PAR

L'ABBÉ A. GOSSELIN

DOCTEUR ÈS LETTRES

MEMBRE DE LA SOCIÉTÉ ROYALE DU CANADA

MEMBRE DE LA SOCIÉTÉ DES ANTIQUAIRES DE NORMANDIE

Extrait de la « Revue catholique de Normandie »

ÉVREUX

IMPRIMERIE DE L'EURE

1904

UNE FAMILLE DE HÉROS

UNE

FAMILLE DE HÉROS

PAR

L'ABBÉ A. GOSSELIN

DOCTEUR ÈS LETTRES

MEMBRE DE LA SOCIÉTÉ ROYALE DU CANADA

MEMBRE DE LA SOCIÉTÉ DES ANTIQUAIRES DE NORMANDIE

Extrait de la « Revue catholique de Normandie »

ÉVREUX

IMPRIMERIE DE L'EURE

1904

PAGES CANADIENNES

UNE FAMILLE DE HÉROS

Il s'agit, cette fois, non plus d'une famille normande, — ce qui nous empêche de donner à ces pages notre titre général *Les Normands au Canada* — mais bien d'une famille originaire du Dauphiné. Si la Normandie a contribué pour une large part, la plus grande peut-être, à la colonisation de la Nouvelle-France, il ne faut pas oublier, cependant, qu'il nous est venu des recrues de presque toutes les provinces de notre ancienne mère patrie, même des provinces méridionales. Le Dauphiné, en particulier, donna au Canada, outre son second évêque, Mgr de Saint-Vallier (1), l'émule du vénérable Montmorency-Laval en vertus, en charité et en dévouement, plusieurs prêtres remarquables, comme par exemple M. de Belmont, troisième supérieur du séminaire de Montréal, M. de la Colombière, et un grand nombre de citoyens qui ont fait leur marque dans toutes les carrières.

⁎ ⁎

La famille Pécaudy de Contrecœur, à laquelle nous consacrons cet article, se distingua surtout dans la carrière des armes. La bravoure, l'intrépidité et l'héroïsme semblaient un héritage que l'on s'y transmettait de père en fils.

L'ancêtre des Contrecœur, au Canada, s'appelait Antoine, et était natif de Vigneux, bourg de Saint-Chef, évêché de Vienne, en

(1) Voir *Mgr de Saint-Vallier et son temps*, dans la *Revue catholique de Normandie*, 8ᵉ année, p. 117.

Dauphiné. Capitaine au célèbre régiment de Carignan, il vint au Canada en 1665, après avoir servi bravement en France dans un grand nombre de campagnes. Les lettres de noblesse dont il était porteur et qu'il avait obtenues de Louis XIV quatre ans auparavant, en disent plus sur ses états de services que de longs commentaires. Nous nous contenterons de les citer textuellement :

« Louis, par la grâce de Dieu roi de France et de Navarre, dauphin de Viennois, comte de Valentinois et Dyois, à tous présents et à venir, salut.

« Depuis qu'il a plu à Dieu nous donner la paix générale entre les Couronnes, nous avons été excité de reconnaître ceux de nos sujets qui se sont signalés dans nos armées et qui continuent leur service à cet état, à l'imitation de leurs aïeuls qui se sont acquis la qualité de noble, quoiqu'ils n'aient été soigneux d'en conserver ou rechercher le titre que nous avons accoutumé de donner à ceux que nous voulons gratifier.

« C'est pourquoi, ayant été informé par tous les généraux de nos armées de la valeur et générosité de nostre cher et bien-aimé Antoine Pécaudy de Contrecœur, de nostre pays de Dauphiné, capitaine au régiment de Carignan, lequel, depuis l'établissement d'iceluy, nous a rendu et au feu Roy nostre très honoré seigneur et père, des preuves de son courage, affection et fidélité à nostre service dans nos armées et troupes tant de cavalerie que d'infanterie, l'espace de vingt-cinq ans, ayant commencé soit en qualité de lieutenant et de capitaine depuis quinze années en ça au régiment de Montegon et de celui de Carignan, s'étant en tous les exploits de guerre qui se sont présentés, trouvé, particulièrement au siège de Pignerol sous le feu sieur de Montmorency, en la Compagnie de la Prape au régiment de Sault, comme aussi au combat de Thezin, en la Compagnie de chevau-légers de Dizinieu, sous le sieur de Crequy, où il fut blessé d'une mousquetade à l'épaule, et au siège de Valence d'un coup de mousquet à la cuisse, et du depuis au dit régiment de Carignan au retour de Viguères au combat de Pro sous le prince Thomas, où il fut blessé d'une mousquetade à la teste dont il a été trépané, au faubourg du Temple fut blessé d'une mousquetade à travers le corps, au faubourg Saint-Antoine, dans la même Compagnie, où il fut blessé d'une mousquetade au bras dont il demeura estropié, sous nostre cousin le vicomte de Turenne, l'année dernière, commandant le régiment de Carignan à l'attaque d'Auxerre, sous nostre cousin le maréchal de Grançay en Piedmont, finalement en tous les autres lieux où il a été commandé, en sorte que nous avons tous sujets de satisfaction, et de le juger digne de l'honneur et titre de noblesse, auquel il a aspiré, dont le voulant gratifier, tant en reconnaissance de ses services, de la preuve desquels nous le relevons, tant en considération de ses dits services, qu'à la supplication qui nous en a été faite par nostre très cher et très amé cousin le comte de Soissons.

« A ces causes,... nous avons le dit de Contrecœur, ses enfants et postérité, nés et à naître en loyal mariage, annobli et annoblissons, et du titre de noblesse décoré et décorons par ces présentes signées de notre main. Voulons et nous plaît...

« Donné à Paris au mois de janvier l'an de grâce seize cent soixante et un. *(signé)* Louis. »

Rendu au Canada, Pécaudy de Contrecœur prit part à la campagne de M. de Tracy contre les Iroquois; puis, lors du licenciement du régiment de Carignan, il résolut, comme plusieurs autres officiers et soldats de l'armée, de se fixer dans la colonie. Veuf d'Anne Dubois, et déjà septuagénaire, il épousa à Québec, en 1667, Barbe Denis, fille de Simon Denis de la Trinité, et devint la souche de la famille canadienne de son nom. Il eut, entre autres enfants, un fils, François-Antoine, qui continua au Canada le nom et la gloire de la famille, et une fille, Marie, qui épousa le brave Jean-Louis de Lacorne.

En 1672, il obtint de l'intendant Talon la seigneurie de Contrecœur sur le Saint-Laurent, entre les terres de M. de Saint-Ours et celles de M. Vitré. « Cette seigneurie lui est accordée, est-il dit dans l'acte de concession, en considération des bons, utiles et louables services qu'il a rendus à Sa Majesté, en différents endroits, tant en l'ancienne France que dans la nouvelle, depuis qu'il y est passé par ordre de Sa Majesté, et en vue de ceux qu'il témoigne vouloir encore rendre ci-après... »

* *
*

François-Antoine Pécaudy de Contrecœur, fils du précédent, entra au service en 1689, vers la fin de l'administration de M. de Denonville, et atteignit, comme son père, le grade de capitaine.

Nous n'avons pu nous assurer s'il appartenait à quelqu'un des trois partis de guerre qui dévastèrent Corlar, Salmon-Falls et l'établissement de la baie de Casco dans l'hiver de 1689 et 1690. Il y avait déjà guerre à mort entre la France et l'Angleterre au sujet de la domination de l'Amérique du Nord; et c'était à qui, des Canadiens et des Anglais, se ferait le plus de mal. Pécaudy de Contrecœur prit certainement part à l'expédition si heureuse, quoique un peu écourtée, de Frontenac aux Cinq-Cantons, en 1696. Voici d'ailleurs un document officiel où les états de services du deuxième capitaine de Contrecœur sont mentionnés : c'est une lettre de l'intendant Hocquart, adressée au comte de Maurepas, ministre et secrétaire d'État, demandant la croix de Saint-Louis pour François-Antoine Pécaudy de Contrecœur : cette lettre est datée de 1732 :

« Monseigneur, De Contrecœur, capitaine d'une compagnie des troupes du détachement de la marine entretenues par Sa Majesté au Canada, fils de feu le sieur de Contrecœur, vivant premier capitaine au régiment de Carignan, décédé au service de Sa Majesté après avoir reçu vingt-deux blessures en diverses occasions, et trépané trois fois, a l'honneur de représenter très respectueusement à Votre Grandeur qu'il a l'honneur d'être au service de Sa Majesté depuis quarante-trois ans, tant en qualité de cadet qu'en celle de capitaine dont il est revêtu aujourd'hui, après avoir passé par tous les grades; et que pendant ce temps il n'a point négligé de remplir son devoir, comme il paraît par les certificats de ses supérieurs.

« En 1696, il fit la campagne des Onontagués et des Oneyouts, n'étant que cadet, sous les ordres de M. le comte de Frontenac, pour lors gouverneur général.

« La même année, il fut détaché sous M. de Muy (1) pour aller

(1) Jacques-Pierre Daneau, sieur de Muy, chevalier, capitaine, commandant pour le roi au Détroit. Il y mourut en 1758, « ayant, dit l'acte de sa sépulture, reçu les sacrements avec toute la piété que nous pouvions désirer à la fin d'une vie qui avait toujours été des plus édifiantes. »

Quelle perte pour la Nouvelle-France, à la veille de la catastrophe de 1659! Elle en avait fait une autre non moins regrettable dans la personne de M. Marin, décédé quelques années auparavant au fort Duquesne. Voici ce qu'écrivait à la Cour le gouverneur Duquesne, à l'occasion de la mort de M. Marin :

« Je regarde la perte du sieur Marin comme irréparable dans cette colonie.

à Plaisance en l'île de Terreneuve; et l'hiver suivant il se trouva, sous les ordres de MM. Brouillant et d'Iberville, à la prise de trente-six postes qu'occupaient les Anglais dans la dite île (1).

« En 1708, il fut, en qualité d'enseigne, avec MM. Deschaillons et Rouville, aux côtes anglaises, se trouva à la prise d'Haverhill, enleva un étendard, et fit prisonnière la fille du gouverneur de la place (2).

« Après la prise d'Haverhill, le détachement que commandaient les sieurs Deschaillons et Rouville rencontra une forte embuscade d'ennemis, dont la force supérieure qui la composait détermina la plus grande partie du détachement à se sauver; mais le sieur de Contrecœur s'opposa à leur fuite et les ramena joindre le sieur Deschaillons qui était resté avec cinq ou six hommes pour faire face, ce qui procura le gain de la bataille, ne s'étant sauvé que quatre Anglais de l'embuscade.

Cet officier joignait à l'esprit une tête excellente, et avec l'air et des manières sauvages, il a eu occasion de me prouver beaucoup de modération et de prudence. Quant au zèle, jamais homme n'en a eu plus, puisqu'il a préféré de mourir sur le champ de bataille, plutôt que devenir rétablir sa santé chez lui... »

Beaucoup de nos officiers canadiens avaient l'esprit très cultivé. M. de Muy était un botaniste remarquable. Avant de commander au Détroit, il avait rempli une fonction analogue, à la rivière Saint-Joseph; et voici ce qu'écrivait de lui à la Cour le gouverneur Beauharnais :

« J'ai reçu votre lettre au sujet du sieur de Muy, enseigne des troupes. Cet officier s'est appliqué à la connaissance des plantes pendant le temps qu'il a été dans les pays d'en haut. Il en a rapporté en poudre, en racines et feuilles, comme vous me le marquez. Il assure avoir guéri quantité de Sauvages de différentes maladies. Je pense que beaucoup de ses plantes sont inconnues en France. Il passe dans le vaisseau du roi, chargé des paquets de la Cour. Vous serez en état de tenir de lui ses connaissances, ayant fait un mémoire instructif sur leurs propriétés... »

(1) *Journal d'une expédition de d'Iberville*, publié dans la *Revue catholique de Normandie*, 9ᵉ année, p. 522.

(2) Le brave Hertel de Rouville, qui commandait les Canadiens dans cette affaire, est le même qui, quatre ans auparavant, à la tête de 250 hommes, avait franchi les Alléghanys, au milieu de l'hiver, était allé fondre sur la bourgade de Deerfield, et l'avait complètement détruite. C'est lui, également, qui dans l'hiver de 1689, avait emporté d'assant et livré aux flammes le village fortifié de Salmon-Falls.

Hertel de Rouville est un des plus braves officiers qui figurent dans les annales de la Nouvelle-France. Son aïeul, Jacques Hertel, venait de Fécamp, pays de Caux; il avait épousé à Québec Marie Marguerie, originaire de Saint-Vincent de Rouen.

« En 1709, il fut sous M. de Ramezay, gouverneur de Montréal, en qualité de premier aide de camp, à la Pointe-à-la-Chevelure (1), où les ennemis furent défaits (2).

« En 1710, il fut à l'Acadie, sous les ordres de M. de Montigny, donner secours à M. de Subercase, gouverneur du dit lieu (3).

« En 1711, les Anglais venant pour prendre Québec par mer et par terre, il fut, sous M. de Longueuil, en qualité de major, au devant de ceux qui venaient par le lac Champlain (4).

« En 1712, sur la nouvelle que l'on eut qu'il venait des Anglais d'Orange (5), il fut détaché, sous M. de Sabrevois (6), pour aller

(1) Poste français très important, situé à la tête du lac Champlain. C'est aujourd'hui Crown-Point.

(2) Il n'y eut qu'un combat d'avant-garde, où les Canadiens, en effet, furent victorieux. Mais l'expédition fut manquée, grâce à la tactique des Iroquois, qui s'arrangèrent de manière à observer la neutralité entre l'armée canadienne et l'armée anglaise :

« Dans l'intérêt de leur nation, dit l'abbé Ferland, les Iroquois chrétiens, aussi bien que les infidèles, s'étaient, depuis plusieurs années, entendus pour empêcher que ni les Français, ni les Anglais, n'eussent la supériorité dans la lutte entre les deux nations. Par ce moyen, les Cantons s'assuraient une importance qu'ils n'auraient pu acquérir autrement, et obligeaient les Anglais et les Français à les ménager. »

On ne peut s'empêcher d'admirer la finesse et l'astuce, l'habileté et les ressources diplomatiques de ce petit peuple, qui, vraiment, sous bien des rapports, n'avait de sauvage que le nom.

(3) Cette fois encore, l'expédition ne fut pas couronnée de succès. M. de Subercase fut obligé de céder à la force supérieure, et d'abandonner Port-Royal aux Anglais. Cette ville acadienne perdit son nom si français, et s'appela dès lors Annapolis, du nom de la reine Anne d'Angleterre. Mais l'échec de M. de Subercase n'ôte rien au mérite et à la valeur de nos milices canadiennes, qui se portaient avec tant d'intrépidité d'un bout du pays à l'autre, au moindre signe de leurs officiers.

(4) M. de Longueuil, M. de Contrecœur et leurs Canadiens en furent quittes pour leur bonne volonté. Le temps n'était pas encore venu pour le Canada de passer à l'Angleterre. La flotte de l'amiral Walker qui s'avançait dans le golfe Saint-Laurent pour venir prendre Québec, alla se briser à la côte Nord, sur les récifs des Sept-Iles : ce fut un désastre complet, tel qu'il s'en rencontre peu dans l'histoire. Nicholson, qui venait avec son armée de terre, par la route du lac Champlain, pour surprendre Montréal, apprit à temps la triste aventure de son ami Walker, et prit le parti de rebrousser chemin. Nos milices canadiennes firent de même.

(5) Aujourd'hui Albany, sur l'Hudson.

(6) Jacques-Charles Sabrevois de Bleury. Il obtint en 1733 une seigneurie le long de la rivière Chambly.

au devant d'eux dans le lac Champlain. Depuis ce temps, il a fait plusieurs autres campagnes, et a toujours servi sans reproche.

« Et depuis le 1er octobre 1729, il commande, pendant trois ans, au fort de Chambly, avec l'applaudissement de ses supérieurs.

« C'est pourquoi je supplie très humblement Votre Grandeur de lui faire accorder la croix de Saint-Louis, et une enseigne pour son fils, qui a l'honneur de servir Sa Majesté depuis sept années en qualité de cadet; et il continuera ses vœux pour la santé de Votre Grandeur. *(signé)* HOCQUART. »

La lettre de M. Hocquart que nous venons de citer est de 1732. François-Antoine Pécaudy de Contrecœur, pour qui il sollicitait la croix de Saint-Louis, avait encore onze ans à vivre : il mourut à Montréal en 1743, laissant un fils, Claude-Pierre, qui continuait déjà depuis plusieurs années, au service de son pays, la gloire de son nom et de sa famille.

Un autre fils qu'il avait eu de son épouse Jeanne de Saint-Ours, était mort en 1736 : il avait succombé glorieusement, au champ d'honneur, dans un combat livré par M. de Bienville contre les Sauvages Chicachas, à la Louisiane.

Claude-Pierre Pécaudy de Contrecœur, le troisième capitaine de ce nom, avait trente-sept ans à la mort de son père. Comme son père et comme son aïeul, il se distingua en maintes occasions dans les différentes rencontres des milices canadiennes avec l'ennemi. Il se distingua également comme commandant au fort de Niagara. Mais c'est surtout comme commandant de la Belle-Rivière qu'il a illustré son nom.

C'est lui qui remplaça l'intrépide et brave Marin au fort Duquesne (1). C'est lui qui dirigea toutes les opérations militaires dans cette campagne si intéressante, si mouvementée, entre les troupes françaises et les troupes anglaises, où était en jeu la possession de la vallée de l'Ohio.

Contrecœur apprend que Washington s'avance dans cette vallée avec deux compagnies de soldats, et il envoie aussitôt Jumonville le sommer de se retirer du territoire français. Jumonville est

(1) Aujourd'hui la grande ville de Pittsburg.

attaqué à l'improviste et tué avec sept soldats de son escorte : Washington se hâte aussitôt de construire le fort Nécessité sur la Monongahéla.

Contrecœur ordonne alors à Villiers d'aller venger la mort de son frère Jumonville; et ce brave officier se rend au fort Nécessité avec une poignée de Canadiens et de Sauvages. Il attaque le fort, qui est défendu par cinq cents hommes et neuf pièces de canon. Le combat dure dix heures, et les Anglais sont obligés de capituler pour éviter l'assaut. Le fort Nécessité se rend aux Français.

L'ennemi veut se reprendre l'année suivante, et Braddock s'avance à la tête de deux mille hommes contre le fort Duquesne. C'est encore Contrecœur qui y commande, et il envoie M. de Beaujeu, avec un corps de Canadiens et de Sauvages, à la rencontre du général Braddock : de Beaujeu succombe glorieusement dans la mêlée; mais Dumas le remplace au commandement, et fait subir à Braddock une éclatante défaite. Contrecœur, par la sûreté de son coup d'œil, par sa résolution et l'heureux choix des moyens, a contribué au succès des armes françaises, et en partage la gloire.

La brillante victoire de la Monongahéla eut lieu le 9 juillet 1755. C'est dans l'automne de cette même année ou au printemps de l'année suivante que Pécaudy de Contrecœur quitta son poste pour descendre à Montréal. Il fut remplacé comme commandant au fort Duquesne par Dumas, à qui son brillant exploit avait bien mérité cet honneur.

Malgré son âge et ses infirmités, Contrecœur fut utilement employé par le marquis de Vaudreuil, gouverneur du Canada, jusqu'en 1759. Le roi lui accorda sa retraite le 1er janvier de cette année, avec la « demi-solde de 540 livres par an, à compter du dit jour. »

Suivant l'usage de l'époque, notre brave militaire avait sollicité la croix de Saint-Louis. Voici la lettre que M. de Vaudreuil écrivit de sa part à M. Rouillé, ministre et secrétaire d'État de la Marine :

« Monseigneur, Contrecœur, capitaine, à l'honneur de représenter très humblement à Votre Grandeur qu'il sert depuis trente-cinq ans dans les troupes entretenues par le Roy au Canada, et s'est toujours acquitté de son devoir avec honneur, distinction, et à la satisfaction de ses supérieurs, dans toutes les occasions où il a été employé, et entre autres en cette dernière guerre, où il a marché sans discontinuer, soit en party, soit en garnison. Il a commandé un an à Niagara, au plus fort de la guerre; il a fait les fonctions de major partout où il a été.

« Il est petit-fils de feu sieur de Contrecœur, premier capitaine du régiment de Carignan, qui avait reçu au service du Roy vingt-deux blessures d'armes à feu sur le corps. Son père, qui est mort capitaine et chevalier de Saint-Louis, a servi cinquante-quatre ans, et a marché dans presque tous les partis de guerre qui se sont présentés. Son frère cadet, enseigne à la Louisiane, a été tué en brave officier dans le combat que donna M. de Bienville contre les Chicachas le 26 may 1736. Il reste le seul de ses frères.

« Il a deux garçons, l'un âgé de vingt ans, et l'autre de dix-neuf. Ils servent tous deux en qualité de cadets à l'aiguillette. L'aîné sort de faire une longue campagne avec son père de près de douze cents lieues à la Belle-Rivière.

« Je demande très respectueusement qu'il plaise, Monseigneur, à Votre Grandeur, en considération de tant de services, lui accorder, l'année prochaine, la croix de Saint-Louis, et une des enseignes en second qui se trouvent vacantes en ce pays, pour son fils aîné.

« Cette grâce qu'il espère de pouvoir obtenir lui sera un puissant et nouveau sujet de continuer son zèle et son ardeur au service du Roy, et de prier pour la santé et prospérité de Votre Grandeur. *(signé)* VAUDREUIL. »

On a du brave capitaine Claude-Pierre Pécaudy de Contrecœur, le héros de la Belle-Rivière, une lettre magnifique qu'il adressait à son fils aîné, au moment où le jeune homme commençait son service militaire et partait pour « cette longue campagne de près de douze cents lieues », dont il est parlé dans la dépêche de M. de Vaudreuil. Les recommandations admirables qu'elle renferme ne font pas moins honneur au fils qui était jugé digne de les entendre et de les mettre en pratique, qu'au père qui avait le noble courage de les donner :

« Mon cher fils, pensez que voilà votre première campagne et qu'elle peut décider de votre sort; ainsi comportez-vous y de façon que vos supérieurs puissent rendre un compte favorable de votre conduite.

« Pour cela, il faut que vous ayez bien de la déférence pour tous les officiers avec lesquels vous serez, et aller au devant de tout ce qui leur peut faire plaisir.

« Vous rendre serviable et actif pour tout ce qui regarde le service, et ne point vous embarrasser de tout ce que vos camarades pourraient vous dire à ce sujet.

« Demandez à être employé souvent, et le sollicitez : ne pas faire comme quelques-uns qui disent : « C'est toujours à mon tour, mes camarades ne font rien. » Être toujours charmé de la préférence que l'on vous donne, si cela vous arrive. Vous piquer toujours de mieux faire que les autres, en exécutant les ordres que l'on vous donnera avec toute la ponctualité et diligence possible.

« Qu'aucun plaisir ni divertissement ne vous fasse négliger votre devoir.

« Ne point vous rendre la bête hargneuse du parti, en cherchant querelle à tout le monde; au contraire, vivre avec tous avec une grande politesse envers vos supérieurs et déférence envers vos camarades; et lorsque vous serez chargé de faire exécuter quelques ordres, que ce soit toujours avec politesse et douceur : mais de la fermeté en tout.

« S'il se faisait par hasard quelques ligues, donnez-vous bien de garde de vous en mêler; tenez-vous toujours attaché à vos supérieurs, et ne vous avisez jamais de blâmer leur conduite. Il faut écouter tout, et ne rien dire; c'est le bon parti : car souvent nous comptons parler à un ami confidemment; point du tout; nous parlons à une personne qui va répéter toute la confidence que nous lui avons faite, et toujours plus mauvaise que nous lui avons dite : ainsi, pour ne point tomber dans ce cas, le meilleur parti est de se taire.

« Surtout, ayez la crainte de Dieu devant les yeux. Pensez que si vous abandonnez Dieu, il vous abandonnera, et que le moyen de prospérer est de le servir.

« Ne vous abandonnez point au libertinage. Si Dieu n'est pas capable de vous arrêter, craignez les suites du libertinage, qui vous feront perdre votre âme et ruiner votre corps.

« Avoir toujours bien de la bonté pour tous ceux sur qui vous avez de l'autorité, les traiter doucement; avoir soin de ceux qui pourraient se trouver malades, les assister en tout ce que vous pourrez.

« Surtout, ne vous laissez point aller à la paresse : soyez toujours alerte et toujours dans l'action, et par ce moyen vous verrez que votre santé s'en trouvera bien et que cela engagera vos commandants à vous employer utilement.

« Donnez-vous bien de garde de faire la sottise de vous faire *piquer* (1) : je vous le défends; et envisagez que c'est un père qui vous aime tendrement qui vous demande en grâce tout ce qu'il a écrit ici, et qui vous le demande non pas par rapport à lui, mais par rapport à vous; parce que si vous voulez suivre ce que je vous marque, vous aurez infailliblement l'applaudissement de tous les officiers du parti, qui ne pourront s'empêcher de rendre de bons témoignages de vous à M. le Général, qui ne vous pourra être que très avantageux, et le vrai moyen de me prouver que vous m'aimez.

« Quelle satisfaction n'aurais-je pas si je pouvais entendre dire que vous vous êtes comporté comme vous le devez dans votre campagne, et que ces messieurs m'en peuvent dire du bien avec justice! Au contraire, ce serait un coup de poignard pour moi, vous aimant comme je fais, si j'entendais dire le contraire.

« Ainsi, mon cher fils, j'espère que vous vous comporterez de façon à nous donner toute la satisfaction que nous pouvons désirer de vous.

« Donnez-vous bien de garde de vous amuser à jouer; c'est la perte de toute la jeunesse : aussi, que la sobriété règne dans les parties de plaisir que vous pourrez prendre avec vos camarades. Je vous recommande de vous tenir sur vos gardes sur ces deux articles, comme de vous ressouvenir de ce que je vous ai dit bien des fois, qui est de ne jamais mentir, pour quelle que chose que ce soit. »

Quel admirable code de morale chrétienne et civique, conservé dans nos vieilles archives! Est-il besoin de s'évertuer pour en composer un autre? Que d'enseignements, dans cette lettre, bons à recueillir et à mettre à profit dans toutes les conditions de la vie! Voilà le genre d'éducation que nos anciens Canadiens avaient sans doute apporté de France, qu'ils ne craignaient pas de donner

---

(1) Il paraît qu'à cette époque la pratique du tatouage était assez répandue, du moins en certains milieux. Mais ceux qui *se piquaient* d'une bonne éducation l'avaient en horreur.

à leurs enfants, et avec lequel ils formaient des hommes, des chrétiens, des héros !

Le jeune Pécaudy de Contrecœur reçut avec amour et respect ce petit code écrit de la main de son père ; il le recopia lui-même avec soin sur des feuilles de papier d'un plus petit format, qu'il recouvrit « d'un modeste bougran pour les mieux conserver » ; et il le portait habituellement sur son cœur (1). M. Jacques Viger le trouva parmi un grand nombre de « précieux papiers historiques » qui lui furent donnés par le dernier des Contrecœur, décédé à Boucherville au commencement du siècle dernier.

*
* *

Et qu'on ne croie pas que l'exemple de M. de Contrecœur, écrivant à son fils de si belles recommandations, soit un fait absolument unique dans notre histoire. Il a dû se répéter bien des fois. Nous avons, du moins, une autre lettre non moins remarquable, écrite, à plus de soixante ans d'intervalle, par un autre père à son fils, qui servait dans une compagnie de voltigeurs canadiens commandée par M. Jacques Viger, dans la guerre de 1812 avec les États-Unis. Nous ne pouvons résister au plaisir de la citer ici, comme en appendice, la faisant précéder de celle que M. Viger écrivait à sa femme, à Montréal, de Kingston où il était en garnison :

« Vous vous rappelez, ma bonne amie, le jeune et beau voltigeur, Pierre-Chrysologue Pambrun, fils de M. Pambrun, agent de l'honorable M. de Lotbinière, qui s'engagea à moi, au mois d'août 1812, que sa bonne conduite, ses heureuses dispositions et un peu d'éducation m'ont porté à recommander et à faire agréer comme caporal dans ma compagnie, dès le 8 janvier 1813, et qui, le 25 février suivant, a passé à la compagnie du capitaine Herse avec le rang de sergent.

« Il n'a point cessé de bien faire depuis son entrée dans le corps et de se montrer aussi bon soldat qu'homme bien né : j'aime à me flatter qu'il ira encore plus loin. Vous avez su, vous avez admiré sa conduite intrépide à Sackett's-Harbour, sous les yeux mêmes

(1) Manuscrits de Jacques Viger.

du major Heriot (1). Il est parti pour le fort George, et j'aime à croire qu'il y donnera suite à son brillant et honorable début au Havre : alors, il trouvera des amis dans ceux de son respectable père, pour s'intéresser à son avancement auprès de chefs justes et naturellement portés, par état, à rechercher et récompenser le mérite du soldat (2).

« Au mois de novembre 1812, Pambrun, que j'avais déjà fait lance-caporal, me remit une lettre de son père, du 28 octobre, pleine de beaux sentiments et d'excellents conseils, bien propres sans doute à faire une impression profonde et telle que désirée par ce père sur son fils. J'ai jusqu'ici conservé cette lettre — elle mérite de l'être — pour la remettre à ce brave garçon, à un jour plus heureux. Je la relis aujourd'hui (23 août 1813) avec plus de plaisir, avec plus d'intérêt que jamais, depuis que je me persuade qu'elle a eu son effet sur le jeune homme, tout d'abord, et qu'il ne peut manquer de recevoir bientôt le prix de son respect pour son vénérable père et pour ses sages et fermes avis. La voici : gardez-la bien, je pourrais la perdre ici. *(signé)* J. V. »

La lettre de M. Pambrun à son fils est datée de Vaudreuil, le 28 octobre 1812 : et M. Viger y ajoute l'en-tête suivant :

« Recommandations admirables d'un homme bien né et d'un père religieux à son fils, servant comme voltigeur dans ma compagnie durant la dernière guerre avec les États-Unis. »

« Monsieur, Votre lettre, de Saint-Philippe, en date du douze du courant, m'est parvenue il y a quelques jours. J'y réponds en qualité dé père et d'ami sincère, qui désire ardemment votre bonheur; mais vous ne sauriez parvenir à ce bonheur qu'en implorant le secours de la divine Providence, et en ne vous éloignant jamais des principes d'un honnête homme.

« Je suis charmé que vous ayez pris le parti des armes, pour servir votre Roi, votre Religion et votre Patrie. C'est l'état le plus honorable dans lequel un jeune homme vertueux et courageux puisse se distinguer et se faire un sort. Mais, monsieur, il faut bien du mérite pour parvenir dans le militaire.

« Une éducation libérale est nécessaire, et malheureusement

____

(1) Commandant les compagnies de voltigeurs canadiens montées à Kingston en avril 1813.

(2) Avant la fin de la guerre, Pambrun mérita en effet d'être fait enseigne.

vous en êtes dépourvu, par votre propre faute; vous devez à présent en sentir les mauvaises conséquences. Dans les douze lignes qui composent le contenu de votre lettre, il n'y en a pas une seule où il n'y ait cinq à six fautes d'orthographe (1). C'est pourquoi je vous supplie de vous occuper souvent à lire de bons livres qui traitent de la guerre et des voyages.

« Il faut aussi un courage et une bravoure au-dessus du commun pour faire son chemin dans la profession des armes. Vous êtes né sans fortune, c'est à vous à améliorer votre sort. Dans la guerre, la fortune a un grand pouvoir : j'entends par fortune la divine Providence, qui dispose tout selon la nature des choses et de la justice. C'est Dieu qui donne le mouvement à tout; s'attribuer le bon succès des événements, c'est une ignorance très criminelle.

« La valeur d'un vrai militaire n'est qu'un vif et noble sentiment par lequel il expose sa vie aux dangers les plus évidents, pour des choses justes et légitimes, dans l'espérance d'une vie plus heureuse, si l'ordre de la Providence veut qu'il succombe : telle doit être celle d'un chrétien, et par conséquent la vôtre.

« Si mes avis et conseils peuvent avoir quelque effet sur vous, pour votre propre félicité, je vous exhorte à être exact à tous vos devoirs; à obéir avec zèle à tous vos supérieurs; à vous distinguer de tous vos camarades par une conduite sage et vertueuse. Cherchez à vous faire aimer de votre commandant en chef, qui est un militaire de mérite, de votre capitaine, ainsi que de tous les officiers de votre compagnie; et si jamais vous vous trouvez dans une action avec eux, ne les abandonnez pas d'un seul pas; exposez même votre vie pour sauver la leur. Si par malheur votre chef ou aucun de vos officiers est tué, ne quittez pas le champ de bataille sans avoir vengé leur mort. Suppléez à votre manque d'éducation par votre bravoure.

« Évitez les mauvaises compagnies et les lâches, dont le cœur corrompu soupire après la débauche; ils ne peuvent que vous jeter dans des précipices affreux, où conduit le vice.

« Vous me demandez d'écrire en votre faveur à votre comman-

----

(1) Les Canadiens-Français eurent de nombreux obstacles à vaincre, dans le premier demi-siècle du régime anglais, avant de pouvoir établir parmi eux l'enseignement primaire sur le bon pied où il est à présent.

dant : je ne le puis. C'est vous seul qui devez vous recommander par votre zèle et dévouement à votre Roi.

« Votre commandant (1) est un militaire respectable et d'un mérite distingué. En conséquence, il se fera un devoir de récompenser le mérite et de punir le vice. Il commettrait une injustice en vous préférant à ceux qui le méritent plus que vous. La gloire est chère à tout individu, de quelque rang qu'il soit. Je suis même surpris que l'on vous ait donné la place de caporal, dans le si peu de temps que vous avez le bonheur de servir Sa Majesté. Tâchez de vous maintenir dans cet emploi; c'est votre conduite future et principalement votre bravoure qui pourront m'exciter à demander la protection de personnes respectables pour votre avancement.

« Réfléchissez sur la conduite de votre commandant, qui n'est parvenu que par ses talents et son mérite. Trois de ses frères ont suivi la même carrière et sont morts glorieusement au service du Roi et de leur Patrie. Dites à votre commandant que je le prie bien d'agréer mes sincères respects et que je lui souhaite de tout mon cœur toutes sortes de prospérités à la tête de ses voltigeurs.

« Votre pauvre infortunée mère ne va pas mieux. Vos sœurs et toute la famille vous souhaitent une parfaite santé et bien du succès.

« Je suis sincèrement, monsieur, votre affectionné père. *(signé)* A. D. PAMBRUN (2). »

---

(1) Le colonel Charles-Michel de Salaberry, le « héros de Chateauguay », né à Beauport, près de Québec, en 1778, et décédé à Chambly en 1829. Il avait épousé Marie-Anne-Julie Hertel, descendante du brave Hertel de Rouville.

(2) Manuscrits de Jacques Viger. — Nous devons la communication de ces manuscrits à la bienveillance de feu notre ami M. l'abbé Verreau, à qui M. Viger les avait légués.

Evreux. — Imp. de l'Eure, L. ODIEUVRE, 4 bis, rue du Meilet.

www.ingramcontent.com/pod-product-compliance
Ingram Content Group UK Ltd.
Pitfield, Milton Keynes, MK11 3LW, UK
UKHW020124100726
13658UKWH00005B/2357